BEI GRIN MACHT SICH IHR WISSEN BEZAHLT

- Wir veröffentlichen Ihre Hausarbeit, Bachelor- und Masterarbeit

- Ihr eigenes eBook und Buch - weltweit in allen wichtigen Shops

- Verdienen Sie an jedem Verkauf

Jetzt bei www.GRIN.com hochladen und kostenlos publizieren

Bibliografische Information der Deutschen Nationalbibliothek:

Die Deutsche Bibliothek verzeichnet diese Publikation in der Deutschen Nationalbibliografie; detaillierte bibliografische Daten sind im Internet über http://dnb.d-nb.de/ abrufbar.

Dieses Werk sowie alle darin enthaltenen einzelnen Beiträge und Abbildungen sind urheberrechtlich geschützt. Jede Verwertung, die nicht ausdrücklich vom Urheberrechtsschutz zugelassen ist, bedarf der vorherigen Zustimmung des Verlages. Das gilt insbesondere für Vervielfältigungen, Bearbeitungen, Übersetzungen, Mikroverfilmungen, Auswertungen durch Datenbanken und für die Einspeicherung und Verarbeitung in elektronische Systeme. Alle Rechte, auch die des auszugsweisen Nachdrucks, der fotomechanischen Wiedergabe (einschließlich Mikrokopie) sowie der Auswertung durch Datenbanken oder ähnliche Einrichtungen, vorbehalten.

Impressum:

Copyright © 2019 GRIN Verlag
Druck und Bindung: Books on Demand GmbH, Norderstedt Germany
ISBN: 9783668926783

Dieses Buch bei GRIN:

https://www.grin.com/document/463602

Firat Kizilirmak

Search Engine Advertising. Wie gestalte ich eine Suchmaschinenwerbung im Kontext der Gaming-Branche?

GRIN Verlag

GRIN - Your knowledge has value

Der GRIN Verlag publiziert seit 1998 wissenschaftliche Arbeiten von Studenten, Hochschullehrern und anderen Akademikern als eBook und gedrucktes Buch. Die Verlagswebsite www.grin.com ist die ideale Plattform zur Veröffentlichung von Hausarbeiten, Abschlussarbeiten, wissenschaftlichen Aufsätzen, Dissertationen und Fachbüchern.

Besuchen Sie uns im Internet:

http://www.grin.com/

http://www.facebook.com/grincom

http://www.twitter.com/grin_com

Hochschule Fresenius

Fachbereich Wirtschaft & Medien

Studiengang: Wirtschaftspsychologie/Business Psychology (B.Sc)

Studienort: Köln

Hausarbeit im Modul Umsetzung im Marketing-Management

Suchmaschinenwerbung:
„Wie gestalte ich eine Suchmaschinenwerbung im Kontext der Gaming-Branche?"

Firat Kizilirmak

5. Fachsemester

Abgabedatum: 04.02.2019

I Inhaltsverzeichnis

II Abbildungsverzeichnis	3
1 Einleitung	**4**
2 Begriffsbestimmung	**5**
2.1 Anbieter von Suchmaschinenwerbung	6
2.2 Key Performance Indicator	9
3 Funktionsprinzip von SEA	**11**
3.1 Möglichkeiten	12
3.2 Risiken	14
3.3 Juristische Aspekte	15
4 Konzeption und Methodik einer SEA-Kampagne	**17**
4.1 Umsetzung einer SEA-Kampagne in der Gaming-Branche	20
4.2 Kritische Würdigung	23
5 Fazit	**24**
III Literaturverzeichnis	**26**

II Abbildungsverzeichnis

Abb. 1: Google-Suchanfrage „Suchmaschinenwerbung"　　5

Abb. 2: Tablle zum weltweiten Marktanteil der
Anbieter von SEA　　6

Abb. 3: Grafik zum weltweiten Marktanteil der
Anbieter von SEA　　7

Abb. 4: Anzeigenvorschau in Google Ads　　13

Abb. 5: Aufbau einer Google Ads Kampagne　　18

Abb. 6: Ego1Games Anzeigenvorschau in Google Ads　　22

1 Einleitung

Immer mehr Menschen nutzen das Internet bzw. Suchmaschinen. Im Jahre 2016 nutzten 83,8% der deutschen Bevölkerung mindestens einmal das Internet (ARD/ZDF, 2017). Heutzutage deckt das Internet alle Lebensbereiche der Menschen ab, und zu jedem Thema gibt es massenhaft Informationen und Suchergebnisse.

Mit der steigenden Nutzung der Suchmaschinen steigt auch das Potenzial von Suchmaschinenmarketing bzw. Suchmaschinenwerbung. Unternehmen wie Google oder Microsoft bieten auf ihren Suchmaschinen Anzeigenplätze über den natürlichen Suchergebnissen (Ringel & Goede, 2014). Mittlerweile hat sich der Einsatz von Suchmaschinenwerbung bei vielen Unternehmen etabliert. Auch konservative Unternehmen interessieren sich immer mehr dafür.

Jedoch stellen die Suchmaschinenanbieter nicht viele Anzeigenplätze zur Verfügung, so dass bei den sogenannten „Auktionen" der Anbieter viel Konkurrenzkampf herrscht. Zudem wissen viele Unternehmen nicht viel über die Mechanismen und Algorithmen von Suchmaschinen, um optimale Suchmaschinenwerbekampagnen zu gestalten.

Das Ziel dieser Hausarbeit besteht darin, die Grundzüge von Suchmaschinenwerbung zu erklären. Dabei liegt der Fokus im Funktionsprinzip von Suchmaschinenwerbung, in den Möglichkeiten, die einem Unternehmen zur Verfügung stehen und in der Beantwortung der Fragestellung „Wie gestalte ich eine Suchmaschinenwerbung im Kontext der Gaming-Branche?"

In Kapitel 2 wird zunächst der Begriff Suchmaschinenwerbung definiert, die bekanntesten Anbieter von Suchmaschinenwerbung und die wichtigsten Kennzahlen und Zielgrößen beschrieben. Darauf folgen die Funktionsprinzipien, Möglichkeiten aber auch Risiken, die miteinherkommen können und die juristischen Aspekte, die man als Unternehmen berücksichtigen sollte. Schließlich folgt das Konzept und die Methodik von Suchmaschinenwerbung im Allgemeinen und abschließend die Umsetzung anhand des fiktiven Unternehmens „Ego1games" im Kontext der Gaming-Branche.

2 Begriffsbestimmung

Besonders in Deutschland setzte man früher die Begriffe Suchmaschinenwerbung (engl.: Search Engine Advertising, SEA) und Suchmaschinenmarketing (SEM) irrtümlich gleich, jedoch steht SEM für alle Marketingmaßnahmen um Suchmaschinen und lässt sich untergliedern in SEA und Suchmaschinenoptimierung (SEO) (Lammenett, 2009). Mit Suchmaschinenwerbung oder Keyword-Advertising bezeichnet man eine bezahlte Platzierung von kommerziellen Anzeigen bei themenrelevanten Suchanfragen in Suchmaschinen. Meistens stellt man diese Anzeigen in Form von Textanzeigen dar (Bischopink & Ceyp, 2009). Diese Art von Werbung nennt man auch „Paid Placement", „Sponsored Links" oder „Perfomance Marketing" (Lammenett, 2016).

Abb. 1: Google-Suchanfrage „Suchmaschinenwerbung" (eigene Darstellung)

Diese befinden sich bei den Anbietern wie z.B. Google oder Bing oberhalb der organischen redaktionellen Suchergebnissen (siehe Abb.1), wobei Bing zusätzlich Anzeigenplätze rechts von den organischen Suchergebnissen vergibt. Google verabschiedete sich von der Seitenplatzierung von Werbeanzeigen, da bei der mobilen Suche die Seitenplatzierungen ohnehin nicht erscheint und die Nutzung der mobilen Suche immer mehr ansteigt (Lammenett, 2016). Beim Anklicken der Werbeanzeige leitet die Suchmaschine den Nutzer mit dem verknüpften Link auf die festgelegte Webseite weiter. Die Werbeanzeigen werden jedoch nur eingeblendet, wenn sie mit den von den Nutzern eingegebenen Keywords im Zusammenhang stehen. Das heißt, Suchmaschinenwerbung als Pull-Marketing-Methode sucht nicht nach Kunden, weil der Werbekontakt auf einer Interessensbekundung des Nutzers aufbaut. Somit können Werbetreibende ihre Links genau da platzieren, wo Interessierte nachfragen. Der Pull-Charakter von Suchmaschinenwerbung gilt als Ausnahme in der bezahlten Werbung und gehört deshalb zu den effizienteren Marketing-Formen (Kopp, 2018).

Da die Suchmaschinenwerbung die Haupteinnahmequelle für die meisten Suchmaschinenanbieter darstellt, investieren die Anbieter viel in die Entwicklung und stellen zusätzlich umfangreiche Analysetools kostenlos zur Verfügung, damit Werbetreibende noch mehr in SEA investieren (Lammenett, 2016).

2.1 Anbieter von Suchmaschinenwerbung

Es gibt eine Vielzahl von Anbietern von Suchmaschinen. Dazu gehören allgemeine Suchmaschinen bis hin zu spezifischen Business-Suchmaschinen. Im Folgenden werden auf die allgemeinen Suchmaschinen und ihre Werbesysteme eingegangen unter Berücksichtigung von diesen Faktoren: Marktanteil, Besonderheiten, Stärken und Schwächen bzw. Chancen und Risiken. Zu den allgemeinen Suchmaschinen zählen u. a. Google, Bing, Yahoo!, Baidu und Yandex.

Date	Google	bing	Yahoo!	Baidu	YANDEX RU
2017-12	91.79	2.75	1.61	1.66	0.57
2018-01	91.74	2.76	1.83	1.39	0.58
2018-02	91.63	2.71	1.94	1.29	0.63
2018-03	91.24	3.07	2.13	1.5	0.68
2018-04	90.61	3.24	2.09	2.04	0.68
2018-05	90.14	3.24	2.08	2.18	0.62
2018-06	90.31	3.2	2.06	1.98	0.62
2018-07	90.46	3.13	2.21	1.94	0.61
2018-08	90.91	3.18	2.46	1.37	0.58
2018-09	92.31	2.27	2.51	0.85	0.61
2018-10	92.74	2.17	2.32	0.81	0.6
2018-11	92.37	2.37	2.25	0.96	0.63
2018-12	92.25	2.41	2.07	1.01	0.63

Abb. 2: Tabelle zum weltweiten Marktanteil der Anbieter von SEA (StatCounter, 2018a)

Anhand der Abbildung kann man sehen, dass Google weltweit im Jahr 2018 einen durchschnittlichen Marktanteil von ca. 91% aller Suchmaschinen hat und seine

Konkurrenten bei weitem abhängt. Darauf folgen die Suchmaschinen Bing von Microsoft mit durchschnittlich 2,7%, die Suchmaschine Yahoo! mit durchschnittlich 2%, die beliebteste Suchmaschine in China Baidu mit aktuell 1% und die beliebteste Suchmaschine Russlands Yandex mit aktuell 0,63% (StatCounter, 2018a).

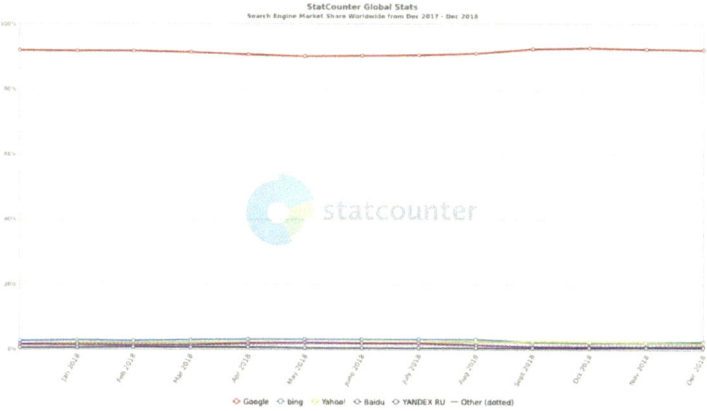

Abb. 3: Grafik zum weltweiten Marktanteil der Anbieter von SEA (StatCounter, 2018a)

Googles Werbesystem heißt Google Ads. Werbung mit Google Ads gehört zum festen Bestandteil im Marketing-Mix vieler Unternehmen (Kopp & Langel, 2013). Neben der Google Suche selber hat Google Partnerseiten, die ebenfalls die Google Suchtechnologien benutzen. Zu diesen Partnerseiten gehören z.B. GMX, T-Online und Web.de (Kopp, 2018). Googles Marktanteil bei der Mobilen Suche in Deutschland liegt sogar bei ca. 98% (StatCounter, 2018a). Google Ads bietet viele Vorteile. Als Unternehmer zahlt man nur für interessierte Kunden, die auf die Anzeige klicken und nicht für die Ausstrahlung der Anzeige. Außerdem besitzt der Werbetreibende die Kontrolle über die Budgetierung und kann sogar einen Tagesbudget festlegen, wie viel er für die Anzeigen am Tag ausgeben möchte. Dieses Budget darf Google nicht automatisch überschreiten. Eine Studie von Google zeigte, dass die Anzeigenschaltung mit Google Ads zu positiven Branding Effekten und einer höheren Markenbekanntheit (Traffic3, o. J.). Das Besondere an Google ist, dass sie viele unterstützende Programme neben Google Ads haben wie Google Analytics oder das Google Display Netzwerk, das dem Werbetreibenden weitere Möglichkeiten wie Banner-, Display- und Videoanzeigen anbietet. Jedoch gibt es auch einige Nachteile beim Werbesystem des Marktführers. Durch die große Anzahl an Unternehmen, die Google Ads benutzen, entsteht ebenso eine große Anzahl an Konkurrenz. Bei Google gibt es pro Keyword nur drei Anzeigenplätze. Um sich einen Platz zu sichern, muss man einen höheren Betrag zahlen, jedoch ist der Qualitätsfaktor der Webseite ebenfalls entscheidend (Kopp, 2018). Dieser wird im dritten Kapitel der Arbeit näher veranschaulicht.

Bing ist die meistgenutzte Suchmaschine weltweit nach Google. Bings Werbesystem heißt Bing Ads und schaltet nicht nur Anzeigen bei Bing selbst, sondern auch bei Yahoo!. In Amerika stieg die Nutzung der Suchmaschine und Bing hat einen Marktanteil von 33,8%, jedoch zählen Yahoo und AOL ebenfalls dazu (Bing, 2018). Bing Ads bietet im Vergleich zu Google Ads mehr Anzeigenplätze. Sowohl über den organischen Suchergebnissen, als auch rechts von den organischen Suchergebnissen findet man Anzeigen. Somit hat man als Werbetreibender eine höhere Chance eine bessere Position mit seiner Anzeige zu erreichen. Des Weiteren ermöglicht Bing den Werbetreibenden bei der Keyword-Auswahl ihrer Anzeigenschaltung die Option, nahe Varianten von Keywords ebenfalls zählen zu lassen: bei Rechtschreibfehlern oder Pluralsetzungen vom Nutzer erkennt Bing das Keyword und die Anzeige des Werbetreibenden erscheint trotzdem beim Nutzer. Dadurch entsteht eine größere Reichweite der Anzeige. Google hat im Vergleich dazu diese Option entfernt (Irvine, 2018). Jedoch liefert Google eine bessere Besucherqualität als Bing. Das kann man an wichtigen Kennzahlen wie die Absprungsrate, Aufenthaltszeit oder die Conversionrate messbar machen, wobei die günstigeren Kosten pro Klicks (CPC) für Anzeigen bei Bing dies ausgleichen (Thesmann & Bergmann, 2015).

Yahoo! wurde von Oath übernommen und deshalb nennt sich das Werbesystem Oath Advertising Solutions, obwohl die Suchmaschine immer noch Yahoo! heißt. Auf der Webseite von Oath wirbt man mit dem Import von Google Ad Kampagnen und der Synchronisation. Bei Veränderungen oder Anpassungen könnte man diese auch direkt auf Oath Advertising Solutions übernehmen (Oath, 2018). Wie bei Bing, kosten die CPCs für Anzeigen weniger als bei Google Ads. Yahoo! bietet ebenfalls mehr Anzeigenplätze, welche sich oberhalb und rechts von den Suchergebnissen befinden. Somit hat man als Werbetreibender auch hier höhere Chancen eine gute Platzierung zu kriegen.
In Deutschland liegt der Marktanteil von Yahoo in Bezug auf Suchmaschinennutzung aller Plattformen bei aktuell 0,84% (StatCounter, 2018b).

Baidu liegt auf dem ersten Platz im chinesischen Suchmaschinenmarkt mit ca. 70,3%, während Google bei 2,57% liegt (StatCounter, 2018c). Somit sollte man sich als Unternehmen in China mit Baidus Werbesystem Tuiguang beschäftigen, wenn man als Werbetreibender viele Menschen erreichen möchte (Hofmaier, 2017).

In Russland schafft es Yandex als auf den ersten Platz mit 54,27%. Darauf folgt Google mit 42,42% (StatCounter, 2018d). Russische Unternehmen oder in Russland ansässige Unternehmen sollten hier sowohl beide Werbesysteme nutzen.

Allgemein lässt sich sagen, dass Google Ads im SEA, besonders in Deutschland, eine große Relevanz hat. Trotz dessen sollte man sein Marketingbudget nicht nur für Google Ads-Kampagnen ausgeben, denn auch andere Anbieter wie Bing und Yahoo! bieten Vorteile. Zudem gibt es auch Facebook, Instagram, YouTube etc., wo man Ads schalten kann, auch wenn sie sich eher dem Social Network Advertising zuordnen lassen (Mso-Digital, o. J.).

2.2 Key Performance Indicator

Bevor Werbetreibende eine Anzeige schalten und erfolgreiche Suchmaschinenwerbekampagnen umsetzen können, müssen Ziele definiert werden. Die daraus resultierenden Erfolge sollten messbar sein. Dazu benötigt man Key Performance Indicator (KPI) bzw. Leistungskennzahlen, die auch für die folgenden Kapitel der Arbeit eine wichtige Rolle spielen. Zu diesen KPIs zählen:

Impressions
Die Impressions geben die Anzahl der Einblendung einer Anzeige auf der Suchergebnisseite an, unabhängig davon, ob sich ein Nutzer die Anzeige anschaut oder nicht.

Klicks
Die Klicks zeigen wie oft auf die Anzeigen von Nutzern geklickt wurden.

Klickrate (CTR)
Die Klickrate beschreibt das prozentuelle Verhältnis von Impressionen zu Klicks, also wie viel Prozent der Nutzer, die die Anzeige sahen, diese auch angeklickt haben.

Kosten pro Klick (CPC)

Die Kosten per Klick veranschaulichen den realen Preis, den der Werbetreibende für einen Klick auf seine Anzeige zahlt. Man dividiert die absoluten Kosten der Kampagne durch die Anzahl der Klicks (Trautmann, 2015).

Conversion

Eine Conversion beschreibt die Häufigkeit einer gewünschten Handlung wie z.B. einen Kauf, Download, Registrierung etc. der Nutzer, die die Anzeige geklickt haben.

Conversion Rate (CR)

Die Conversion Rate beschreibt das prozentuelle Verhältnis von Nutzern, die auf eine Anzeige klickten und denen, die daraufhin noch einen Kaufprozess abgeschlossen haben (Olbrich & Schulz, 2015).

Cost-per-Order (CPO)

Die Kosten pro Conversion geben die erforderlichen Ausgaben für eine Conversion an. Man dividiert die Gesamtkosten durch die Anzahl der Conversionen (Siebert, 2019).

3 Funktionsprinzip von SEA

Zu den Aufgaben von Werbesystemen der Suchmaschinenanbieter gehört die Regelung der Preise und die Positionierung, die Sichtbarkeit und das Ausspielen der Anzeigen. Im folgenden Abschnitt erfolgt die Darstellung des Funktionsprinzips dieser Aspekte.

Die Anzeigenschaltung verursacht wegen des Pay-per-click-Bezahlsystems keine Kosten. Erst beim Klicken entstehen Kosten. Besonders die Sichtbarkeit und Position einer Anzeige spielt für den Werbetreibenden eine große Rolle und hängt von vielen Faktoren ab (Olbrich & Schultz, 2015). Bei Google Ads und anderen Anbietern versteigert man die Werbeplätze für jedes Keyword bzw. jede Suchanfrage in Auktionen, während zum einen auf den gebotenen Preis des Werbetreibenden geschaut wird und zum anderen welche Webseite die passendste Webseite für das gesuchte Keyword zu sein scheint (Lammenett, 2016).

Die passendsten Webseiten bewertet Google anhand des Qualitätsfaktors. Dabei überprüft Google die Relevanz der Webseiten hinsichtlich des gewünschten Keywords, in dem sie z.B. schauen, ob die Seiten eine hohe Klick- und Absprungsrate, eine hohe Verweildauer von Usern etc. haben (Thesmann & Bergmann, 2015). Schließlich bewertet Google die Seiten mit einem Wert zwischen eins und zehn ein, während eins keine Relevanz für dieses Keyword und zehn eine hohe Relevanz für dieses Keyword bedeutet. Zusätzlich empfehlen die Anbieter den Werbetreibenden basierend auf Erfahrungswerten eine Preisempfehlung für das gewünschte Keyword. In der Regel hängt der Preis pro Klick stark vom Wettbewerb um das jeweilige Keyword ab und somit kosten häufig geklickte Keywords mehr Google multipliziert das Gebot mit dem Qualitätsfaktor zwischen eins und zehn. Darauf folgt der Gewinner der Auktion. Wenn ein Keyword mit einem Gebotspreis von z.B. 0,50€ pro Klick für die Anzeige vorgeschlagen wird, wäre eine Webseite mit dem Qualitätsfaktor von 10 bei einem Wert von 5, um den besten Werbeplatz zu erhalten. Demnach müsste eine Seite mit einem Qualitätsfaktor von z.B. 5 mind. 1,01€ bieten, um die Webseite mit dem Qualitätsfaktor 10 zu übertrumpfen und den besten Werbeplatz einzunehmen (Kilian & Langner, 2010). Das heißt, dass die Anzeigen von Webseiten mit einem höheren Qualitätsfaktor mit einer höheren Wahrscheinlichkeit und mit niedrigeren Kosten eine gute Platzierung erreichen können. Weitere Faktoren, die man berücksichtigen müssen, sind Sprache, Ort sowie Tages- und Wochenzeiten. Es gibt noch andere Kriterien für den

Qualitätsfakor, jedoch nennen Anbieter nicht alle Kriterien (Ringel und Goede, 2014).

Durch die gesammelten Nutzerdaten der Suchmaschinen spielt man die Anzeigen passend der jeweiligen Zielgruppe ab. Dadurch erreichen die Webseitenbetreiber mit größerer Wahrscheinlichkeit die passenden Nutzer und Kunden. Google, als meistgenutzte Suchmaschine, platziert die Werbeanzeige nur noch oberhalb der organischen Suchergebnisse. Vor einigen Jahren waren auch Anzeigen rechts von organischen Suchergebnissen zu sehen, die man dort nicht mehr platziert (Lammenett, 2016). Stattdessen zeigt Google bildliche Google Shopping Anzeigen an, wenn es sich um Online Shops handelt (Siebert, 2019). Alle Anzeigen werden als „Anzeige" direkt unter den Titeln der einzelnen Suchergebnisse gekennzeichnet, ansonsten unterscheiden sie sich visuell nicht von organischen Suchergebnissen. Bei Bing und Yahoo! erkennt man die Markierung sogar noch weniger als bei Google. Somit nimmt man die Anzeige bei allen Suchmaschinen nur bedingt wahr und klickt mit höherer Wahrscheinlichkeit drauf (Lammenett, 2016). Neben den Suchmaschinen erscheinen die Anzeigen auch zusätzlich auf den Partnerseiten der jeweiligen Suchmaschinen (Kopp, 2018).

3.1 Möglichkeiten

SEA kann von jedem Unternehmen sinnvoll eingesetzt werden, solange hinter der Kampagne ein klares Ziel steckt. Qualität einer SEA-Kampagne nimmt einen wichtigen Stellenwert ein, denn egal was für eine gute Qualität das beworbene Produkt hat, wenn das Managen der SEA Kampagne nicht ernst genommen wird, kann die Kampagne nicht funktionieren. Bei entsprechender Qualität und professioneller Vor- und Aufbereitung der Kampagnen lassen sich grundsätzlich verschiedene Ziele erreichen. Zu den wichtigen Zielen gehören 1. Traffic für die Website erhöhen, 2. Markenbekanntheit steigern und 3. Verkäufe und Leads steigern (Alles Online Marketing, 2012).

Es gibt mehrere Möglichkeiten im Prozess der Anzeigenschaltung und während der Werbekampagne mehr Potenzial aus den Plattformen zu ziehen.

Um seine Werbeanzeigen in Suchmaschinen gestalten und überhaupt schalten zu können, muss man als Webseitebetreiber etc. sich in den Werbesystemen mit einer gültigen E-Mail registrieren. Das heißt, dass die Werbesysteme ein Konto mit den wichtigsten Daten von dem Werbetreiber voraussetzen. Nach der Kontoeinrichtung legt man zu Beginn der Kampagne die Rahmenbedingungen fest. Hier definiert der Werbetreiber sein wichtigstes Werbeziel wie z.b. das Zielvorhaben, mehr Verkäufe und Registrierungen über die Anzeige zu gewinnen.

Daraufhin hat man die Möglichkeit die geographischen Zielmärkte sowie Regionen, Städte etc. auszuwählen und auf welcher Sprache man die Webseite bewerben will. Außerdem bietet Google ein Fenster, das die potenzielle Größe der Zielgruppe pro Monat angibt. So bekommen die Werbetreibenden eine grobe Einschätzung, wie viele Nutzer in den ausgewählten Standorten nach ähnlichen Unternehmen suchen.

Abb. 3: Anzeigenvorschau in Google Ads (Google, 2019)

Danach erstellt der Werbetreiber die Anzeige. Diese besteht aus zwei nebeneinanderliegenden Anzeigentitel, einem zweizeiligen Anzeigentext und einer URL (siehe Abb. 3). Nach der Erstellung der Kampagne lassen sich viele Sachen nachjustieren. Man kann z.B. entscheiden auf welcher Plattform die Anzeige, also Computern, Laptops oder Smartphones, geschaltet werden soll. Anschließend wählt man die richtigen Keywords für die Anzeige. Bei der Suche und Auswahl sollte man dabei auf die Häufigkeit der Suchanfrage des Keywords und die Relevanz für die Textanzeige achten (Lange, 2013). Google und auch andere Anbieter bieten einen Keyword-Planner, womit der Werbetreibende Keywords analysieren kann. Diese Software kann den Suchvolumen für einzelne Keywords und auch Keywordsgruppen anzeigen und Traffic-Prognosen erschließen sowie die Auskunft über die voraussichtlichen Klicks, Kosten, Conversions etc. unter Berücksichtigung des Tagesbudgets geben (Google, 2018b).

Andere Tools wie der Google Ads Editor, Google Analytics, ähnliche Softwares von anderen Suchmaschinenanbietern und auch Tools von Drittanbieter bieten weitere Möglichkeiten, um die Werbekampagne besser zu überwachen, zu überprüfen und zu erweitern (Goolge, 2018a).

Wie in dem vorherigen Kapitel erwähnt, bieten Anbieter wie Google, Bing etc. auch Display-Ads, die man nicht direkt in der Suchmaschine, sondern bei Google z.B. bei Gmail oder auf YouTube angezeigt bekommt. Diese gehören zwar nicht zur Suchmaschinenwerbung, jedoch ermöglichen sie eine bessere Erreichung der Zielgruppe (Google, 2018d).

Schließlich lässt sich sagen, dass es sehr viele Möglichkeiten gibt, Suchmaschinenwerbung effizient, umfangreich und mit intelligenten Softwares zu schalten. Jedoch beruht vieles auf Zahlen und Algorithmen und muss nicht der Realität entsprechen. Wenn z. B. der Keyword-Planner angibt, dass das gesuchte Keyword in der ausgewählten Region des Werbetreibenden mit einer bestimmten Anzahl angeklickt wird, beruht das auf Prognosen, die nicht stimmen müssen. Besonders die Anbieter werben mit guten Ergebnissen zu günstigen Preisen, jedoch muss man sich sehr stark mit der Kampagne befassen (Oath, 2018; Microsoft, o. J.).

3.2 Risiken

Im folgenden Kapitel werden Probleme und Risiken von Suchmaschinenwerbung darunter Suchmaschinenspamming und Klickbetrug veranschaulicht.

Klickbetrug kann als jeglicher Betrug, der die Pay-per-Klick Modelle ausnutzt, gesehen werden. Damit meint man jeden Klick des Nutzers, die absichtlich getätigt worden sind, ohne die Intention eine Konversion beim Werbetreibenden abzuschließen. Es besteht kein Interesse am Werbetreibenden, sondern soll dem Werbetreibenden sogar schädigen. Betrügerische Klicks unterscheiden sich. Es gibt zum einen manuell von Individuen getätigte Klickbetrüge und zum anderen durch Computerprogramme automatisch ausgelöste Klickbetrüge. Aber auch die Motivation des Klickbetrugs lassen sich in Schädigung und Bereicherung unterscheiden.

Während der Täter bei Schädigung das Ziel hat, dem Unternehmen durch die Klicks Kosten zu bereiten und finanziell zu schädigen, hat der Täter bei Bereicherung die Absicht, Gewinn zu machen, in dem z. B. ein Partner der Suchmaschine Klickbetrug begeht, so dass sich die Vergütung aus den Werbeanzeigen erhöht. Oft sind auch die eigenen Mitarbeiter und Konkurrenten an Klickbetrügen beteiligt, um das Budget der attackierten Werbekampagnen auszuschöpfen. Ein weiterer Grund könnte die Manipulation der Werbeplätze sein (Olbrich & Schultz, 2015).

Zudem kann das Suchmaschinenspamming Probleme verursachen, welches die Bewertungskriterien von Suchmaschinenanbieter illegal beeinflusst, so dass man als Werbetreibender einen höheren Platz im Ranking der Suchmaschine erreicht. Es gibt mehrere Möglichkeiten, die die Konkurrenz anwenden kann wie z. B. ihre Webseite mit populären Keywords zu platzieren, obwohl sie keinen inhaltlichen Zusammenhang mit der Webseite haben. Manche bauen auch ihre Webseite so auf, dass sie im Ranking mehrfach aufgelistet werden und mehr Aufmerksamkeit bekommen, während die Konkurrenten im Ranking weiter runterfallen.

Um dem Spamming entgegenzuwirken, passen die Suchmaschinenanbieter regelmäßig den Algorithmus der Rankings an und können als Maßnahme Strafen vollziehen, wie die Verschiebung der Webseitenplatzierung nach unten oder sogar die Entfernung der Seiten aus dem Index (Seo-Analyse, o. J.).

Streuverluste können auch in einer Suchmaschinenwerbekampagne entstehen, denn bei einer ungenauen Auswahl von Keywords besteht die Gefahr zu wenig qualitativen Traffic bzw. Streuverluste zu generieren. Sollte die Anzeige nicht zielgerichtet angeklickt worden sein, können auch hier erhöhte Kosten entstehen (Bischopink & Ceyp, 2009).

3.3 Juristische Aspekte

Bei juristischen Aspekten handelt es sich im Kontext der Suchmaschinenwerbung meist um marken- und wettbewerbsrechtliche Bestimmungen.

Werbetreibende benutzen gerne Markennamen als Keywords, um viele Klicks und Conversions zu gewinnen. Lange Zeit diskutierten die Oberlandesgerichte (OGH) verschiedener Regionen, ob dies rechtlich zulässig wäre und ob dies zu einer Markenrechtsverletzung führe. Ende März im Jahre 2010 entschied das Europäische Gerichtshof, dass Unternehmen fremde Markennamen verwenden dürfen und auch Google genehmigte die Verwendung fremder Markennamen in ihren Markenrichtlinien im August 2010.

Dennoch sollte man aufpassen, denn die Verwendung von fremden Markennamen dürfen im Anzeigentext nicht enthalten sein (Lammenett, 2016, S.145). Bei Nutzung fremder Marken sollte in der Anzeige auf die eigenen Produkte deutlich hingewiesen werden und die fremde Marke sollen nicht im Fokus liegen (Koschorreck, 2010). Außerdem dürfen Produkte und Dienstleistungen im geschäftlichen Verkehr nicht durch andere Marken gekennzeichnet werden, andernfalls ist es rechtswidrig.

Die Werbetreibenden sind auf der richtigen Seite, wenn es sich um eine klar gezeichnete, unaufdringliche und nicht irreführende Werbeanzeige handelt (Fuchs, 2007).

4 Konzeption und Methodik einer SEA-Kampagne

Nach der Darstellung des Funktionsprinzips von SEA und der Möglichkeiten von SEA, werden im folgenden Kapitel Verfahrensweisen beschrieben, wie man eine Suchmaschinenwerbekampagne aufbereitet, gestaltet, optimiert und was man evtl. berücksichtigen muss. Zudem folgt ein Konzept, wie man als Spieleentwickler für sein Produkt im Kontext der Gaming-Branche Suchmachinenwerbung schaltet unter Berücksichtigung aller Aspekte. Dabei wird die Plattform Google Ads als bekannteste und weitverbreitetste Plattform verwendet.

Wie in Kapitel 3.1 erwähnt, sollte man zunächst Ziele definieren, bevor man die SEA-Kampagne startet. Zu diesen Zielen gehören u. a. die Steigerung der Markenbekanntheit, der Conversion Rate und allgemein des Traffics auf der Webseite. Außerdem resultieren Ziele auch von Aufgaben und Marketingzielen, die man generell in Unternehmen erreichen möchte. Maßgeblich beeinflusst die Aufmerksamkeit der Zielgruppe den Erfolg einer Suchmaschinenwerbekampagne (Ceyp, 2009). Deshalb folgt auf die Definition der Ziele die Festlegung der Zielgruppen. Darauffolgend konzentriert sich das Unternehmen auf die Konzeption und Planung der SEA. Dort spielen die Keywords und die Gestaltung der Anzeigen eine wesentliche Rolle. Denn wie in Kapitel 2 genannt, gehört die Suchmaschinenwerbung zum Pull-Marketing. Somit finden die interessierten Nutzer den Werbetreibenden. Um dieses „virtuelle Treffen" von Nutzer und Unternehmen erfolgreich zu gestalten, müssen alle Faktoren stimmen, wie die Identifikation, die Auswahl und die Segmentierung der Keywords als auch die Gestaltung der Anzeige und der Landingpage (Olbrich & Schulz, 2015).

> „Ein schönes Beispiel dafür ist es sich Google Ads oder generell Suchmaschinen-Werbung oder an dieser Stelle auch Online-Marketing wie einen Türsteher vorzustellen. Der Türsteher lässt relevante Besucher hinein. Der Türsteher wird aber nicht dafür sorgen, dass die Besucher dann auch Spaß haben oder Getränke kaufen. Dies ist nicht mehr im Aufgabenbereich des Türstehers, sondern im Aufgabenbereich des Clubs, der dafür sorgen muss. Durch eine richtige Atmosphäre und durch richtige Preise. Der Club muss Besucher dazu animieren, entweder Spaß zu haben oder auch Getränke zu kaufen. Exakt so ist es auch im Online-Marketing bzw. in der Akquirierung von Usern und dann auch bei Google Ads. Selbst die am besten aufgebaute Kampagne wird nicht dazu führen, dass ein User auch einen Kauf tätigt, wenn er auf dem Shop landet. Diese Aufgabe muss vom Online-Shop oder von Unternehmen selbst übernommen werden" (Siebert, 2019, S. 244-245).

An diesem Zitat erkennt man, was für eine hohe Relevanz die Webseite bzw. die Landingpage und das Angebot haben.

Das heißt, auch hier sollte man sich als Unternehmen folgende Fragen stellen, bevor man eine Suchmaschinenwerbekampagne startet: Welche Intention haben überhaupt die Nutzer? Wie können wir als Werbetreibende diese Bedürfnisse befriedigen?

Dabei unterscheidet man in Shopping-Kampagnen zwischen generischer, markenspezifischer und produktspezifischer Suchanfrage, wobei man generell in Suchmaschinenwerbekampagnen diese berücksichtigen sollte (Siebert, 2019).

Bei generischen Suchanfragen geht es um unspezifische Suchanfragen von Nutzern, die noch nicht wissen, von welchem Hersteller das Produkt sein und welche Merkmale es haben soll. „Rasenmäher kaufen" entspricht einer generischen Suchanfrage. Diese Keywords haben eine große Reichweite und werden stark nachgefragt (Miplets, o. J.). Somit sollte der Werbetreibende Informationen auf seiner Webseite zur Verfügung stellen, damit Nutzer auf der Seite bleiben.

Markenspezifische Suchanfragen spezifizieren sich auf Produkte eines Herstellers, wobei der Nutzer noch nicht genau weiß, welches Produkt er sucht. Der Werbetreibende sollte übersichtlich verschiedene Produkte präsentieren, so dass der Nutzer die Produkte vergleichen kann (Höß, 2015).

Bei den produktspezifischen Suchanfragen handelt es sich um Suchanfragen von Nutzern, die bereits wissen, welche Spezifikationen dieses Produkt haben muss, aber noch nicht wissen, von welchem Hersteller oder von welchem Anbieter sie das Produkt kaufen möchten (Siebert, 2019).

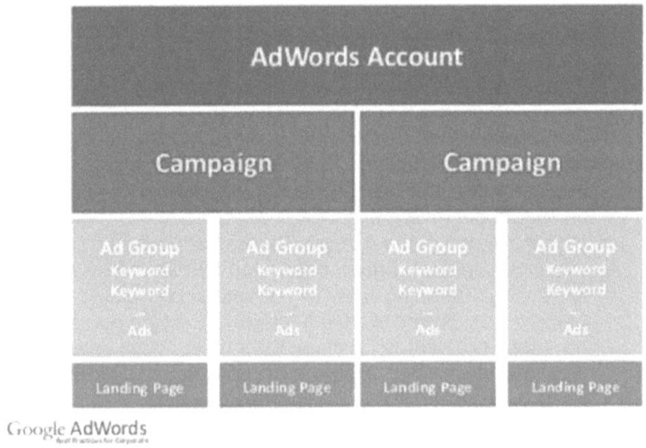

Abb. 5: Aufbau einer Google Ads Kampagne (Tamer, 2018)

Entsprechend des Suchverhaltens der Nutzer lassen sich mehrere unterschiedliche Arten von Kampagnen erstellen (siehe Abb. 5). Dazu gehört die Generische-, Marken-, Produkt- und die Remarketing-Kampagne (Siebert, 2019).

Ebenso wählt man entsprechend der Kampagne sein Budget und die Priorität, um z. B. bei generischen Suchanfragen, wo der Nutzer noch kein Kaufdruck verspürt, nicht zu viel pro Klick zahlen zu müssen. Somit wird gewährleistet, dass auszuschließende Keywords blockiert und in die entsprechende Kampagne mit der angepassten CPC „weitergeleitet" und dort abgerechnet werden. Marken- und produktspezifische Begriffe sollten in einer Generischen-Kampagne ausgeschlossen werden und der Werbetreibende sollte die Priorität auf „hoch" einstellen. Generische Kampagnen stellen häufig den ersten Kontakt mit dem Kunden dar. So sorgt die hohe Priorität bei mehreren Kampagnen, dass selbst bei Kampagnen, die z. B. die Priorität „mittel" haben, das Gebot der Kampagne mit der Priorität „hoch" verwendet wird (Siebert, 2019). Nachdem man dann das Budget aufgebraucht hat, wird als nächstes das Gebot der Kampagne mit der niedrigeren Priorität abgegeben (Google, 2018c). Jedoch muss man beachten, dass bei generischen Keywords viel Konkurrenz herrscht und hohe CPC entstehen können (Miplets, o. J).

Markenkampagnen haben den Vorteil, dass Nutzer bereits die Marke und die angebotenen Produkte kennen und auch mit einem kleinen Budget Klicks und Conversions durch geringere CPC-Preise generiert werden (Zink, 2018). Bei der Markenkampagne bzw. Brand-Kampagne sollte das Budget im Mittelfeld liegen und auch die Priorität sollte man auf „mittel" einstellen. Für Produktkampagnen wird im Vergleich zur Generischen- und Markenkampagne der CPC am höchsten gewählt und die Priorität auf niedrig eingestellt (Siebert, 2019). Der Fokus liegt bei beiden Kampagnen einen höheren Bekanntheitsgrad des Unternehmens, des Produkts und der Marke zu gewinnen (Höß, 2015). Zusammenfassend lässt sich sagen, dass der Werbetreibende die Suchwörter bzw. die Keywords entsprechend der Kampagnen thematisch sortieren und für jede Themengruppe einzelne Anzeigengruppen mit eigenen Keyword-Listen erstellen sollte (siehe Abb. 5) (Bischopink & Ceyp, 2009).

4.1 Umsetzung einer SEA-Kampagne in der Gaming-Branche

Zur Verdeutlichung des Konzeptes wird im folgenden Kapitel ein Einblick in die Praxis der SEA mit Google Ads gegeben. Hierfür folgt der beispielhafte Aufbau einer Kampagne für ein fiktives Gaming-Unternehmen, spezialisiert auf Mobilegames.

Die Gaming-Branche wächst stetig, neben den immer populär werdenen Games. Viele Menschen denken vermeintlich, dass Kinder und Jugendliche den größten Anteil von Gamern vertreten. In Deutschland bildet die Altersgruppe 50+ die größte Gamer-Gruppe, während das durchschnittliche Alter in 2018 bei 36,1% liegt (Game - Verband der deutschen Games-Branche, 2018a). Von über 34 Mio. deutschen Gamer sind 47% weiblich und 53% männlich (Game - Verband der deutschen Games-Branche, 2018b). Besonders auf Smartphones und Tablets spielen immer mehr Menschen Games (Damm, 2018). Der Digitalverkauf nimmt zu, wohingegen das Geschäft mit physischen Datenträgern zurückgeht (Game - Verband der deutschen Games-Branche, 2018a). Der Umsatz von Spiele-Apps stieg im Jahre 2016 von 409 Mio. € auf 497 Mio. € im Jahre 2017, während 97% des Umsatzes durch In-App-Käufe generiert werden (Game - Verband der deutschen Games-Branche, 2018b). Jedoch muss man sagen, dass es sich bei den größten Gaming-Unternehmen nicht um deutsche Unternehmen, sondern um chinesische, amerikanische und japanische Unternehmen handeln. Dadurch erwirtschaften ausländische Unternehmen die Umsatzerlöse (GamesWirtschaft, 2018).

Bei den meisten Games handelt es sich um Free2play-Games, also um Spiele, die der Entwickler kostenlos zur Verfügung stellt und durch kostenpflichtige Zusatzangebote Geld verdient. Wie vorhin erwähnt, besteht der Umsatz von Spiele-Apps überwiegend aus sogenannten In-App-Käufen (Game - Verband der deutschen Games-Branche, 2018b).

Das fiktive Unternehmen „Ego1Games" bietet seine Apps neben dem App Store von Apple und dem Google Play Store in seinem eigenen Online-Store an. Dabei handelt es sich um mehrere Spiele-Apps aus unterschiedlichen Genres. Die Apps folgen ebenfalls dem Free2play-Modell und stehen kostenlos zur Verfügung. Die meisten Umsätze erreicht das Unternehmen durch In-App-Käufe und insgesamt wurden alle Spiele von „Ego1Games" in allen Stores mind. 50.000-mal gedownloadet.

Das Unternehmen „Ego1Games" verfolgt mit der Kampagne die Ziele: mit minimalen Kosten von X Euro eine höhere Markenbekanntheit zu gewinnen, mehr Klicks auf ihrer Webseite zu kriegen und eine höhere Conversionrate in Form von Downloads aller Spiele-Apps zu generieren. Die Kampagne soll außerdem auch auf den Partnerseiten des Google-Display-Netzwerks geschaltet werden wie auf YouTube und dem Google Play Store. Da die Spiele-Apps nur die deutsche Sprache unterstützen, sollen die Anzeigen nur in Deutschland erscheinen. Außerdem sollten die Anzeigen zum größten Teil auf mobilen Geräten und Tablets auftauchen, weil es sich schließlich um mobile Spiele-Apps handelt.

Um überhaupt eine hohe Platzierung in den Suchergebnissen zu erreichen, muss man als Werbetreibender neben dem Gebot, auch den Qualitätsfaktor der Landingpage berücksichtigen. Darum erklärt die Online-Gaming-Store-Webseite präzise, welche Angebote zur Verfügung stehen. Des Weiteren bietet die Webseite zu jeder App einen Link zum Download und beschreibt in kurzen Sätzen, was sie ausmacht, welche Vorteile sie gegenüber anderen Apps bietet und wie viel Speicher sie benötigt. Somit schafft die Seite eine Relevanz und einen Mehrwert für die Nutzer. Nicht nur die Apps gehören zu den Produkten des Unternehmens, sondern auch der Online-Store selbst. Diesen gilt es zu optimieren, er sollte u. a. schnell und mobilfreundlich sein (Online Marketing Solutions, 2018).

Die Datenerfasssung der Zielgruppe erfolgt durch die Registrierung der Nutzer innerhalb der App. Beim Unternehmen „Ego1Games" besteht die Zielgruppe aus ca. 30% weiblichen Spieler und 70% männlichen Spieler. Die Altersgruppe liegt bei 17-40 Jahren. Somit liegt der Fokus auf jüngere bis mittlere männliche Erwachsene, die man spezifisch in der Anzeige ansprechen muss. Zeichen wie „18+" könnten für Erotik und Gewalt stehen, dass diese Zielgruppe u. a. interessiert.

Bei der Erstellung einer Google Ads-Kampagne sollte das Unternehmen „Ego1Games" ein Budget festlegen und dieses nochmal in die untergeordneten Kampagnen aufteilen.

Es macht Sinn, die Google Ads Kampagne in zwei Kampagnen zu unterteilen:

In der Generischen-Kampagne sollten die Keywordlisten aus dem Genre der Spiele-Apps bestehen, da diese sehr allgemein und gefragt sind. Beispiele wären u. a. „Ballerspiele" und „Jump and Run Spiele".

Die Anzeige sollte in kurzen Sätzen zusammengefasst sein und sinngemäß die Merkmale „deutsches Game" und „kostenlos", das Genre entsprechend z. B. „bestes Shootergame" und etwas „neues" beinhalten.

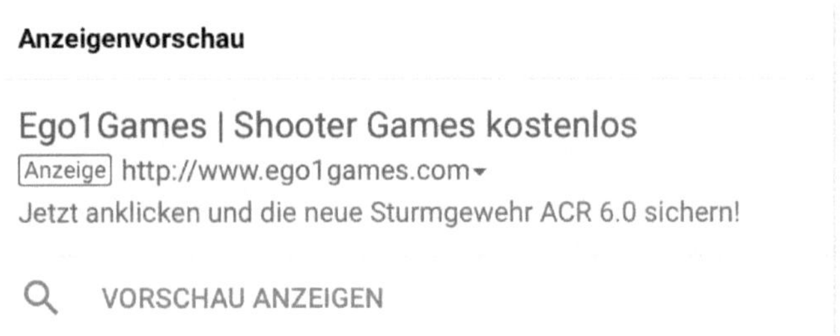

Anzeigenvorschau

Ego1Games | Shooter Games kostenlos
[Anzeige] http://www.ego1games.com▼
Jetzt anklicken und die neue Sturmgewehr ACR 6.0 sichern!

🔍 VORSCHAU ANZEIGEN

Abb. 6: Ego1Games Anzeigenvorschau in Google Ads (eigene Darstellung)

Die zweite Kampagne soll den Fokus auf die bekanntesten Spiele-Apps von „Ego1Games" legen und richtet sich an die Nutzer, die bereits die Apps und den Hersteller kennen. Mit dieser Kampagne kann man z. B. mehr Traffic und Klicks erreichen, wenn man in der Anzeige von einer Belohnung spricht (siehe Abb. 6). Viele Unternehmen wie z. B. Epicgames mit Fortnite starten in ihren Spielen Aktionen, wo sie kostenlose Items vergeben, wenn Nutzer auf die Webseite klicken. Die Anzeige sollte so geschaltet sein, dass der Nutzer weiß, dass wenn er diese Anzeige anklickt, er ein virtuelles Zusatzangebot geschenkt bekommt wie einen Skin oder Spielgeld.

Anschließend lässt sich sagen, dass parallel zu Google Ads auch die Nutzung anderer Anbieter von Suchmaschinenwerbung nützlich sein können, da bei diesen auch mehr Anzeigenplätze angeboten werden und sie die Funktion anbieten, die Kampagne von Google Ads zu importieren. Parallel dazu sollte man auch Tracking-Programme wie Google Analytics benutzen, da sie verschiedene, relevante Daten und schließlich auch die gewünschten Ziele erfassen können, welche eine wichtige Rolle in Suchmaschinenwerbekampagnen spielen.

4.2 Kritische Würdigung

Viele Aspekte und Schlussfolgerungen der Arbeit beruhen auf theoretischen Grundlagen. Selbst bei der Umsetzung handelt es sich um eine theoretische SEA-Kampagne. Dadurch ergibt sich die Problematik, dass die Prozesse nicht erfolgreich ablaufen müssen wie dargestellt bzw. in der Realität ganz anders aussehen könnten. Betrachtet man z.B. den Qualitätsfaktor von Google Ads, sieht man viele Quellen, die deuten, welche Faktoren eine wichtige Rolle für die Platzierung spielen. Jedoch hat Google selbst nie vollständig ihren Algorithmus verraten, wie sie den Auktionsgewinner wählen. Selbst der Werbetreibende mit der theoretisch besten Landing-Page kann evtl. keine Anzeigenplatzierung bekommen.

Zudem beruhen viele Quellen auf denselben Hauptquellen, was zu wenig differenzierten Ansichten führt. Oft setzen Autoren auch vermeintlich Suchmaschinenwerbung und Google Ads gleich, obwohl es sich um mehrere Anbieter von Suchmaschinenwerbung handelt.

5 Fazit

Zusammenfassend lässt sich sagen, dass die Suchmaschinenwerbung eine sehr gute Marketingmethode sein kann, um z. B. neue Kunden zu gewinnen oder eine höhere Bekanntheit zu erlangen, jedoch auch viele Risiken damit verbunden sind. Die Gestaltung der Suchmaschinenwerbekampagne erwies sich als ein komplexer Prozess, bei dem man viele Aspekte einkalkulieren muss. Selbst das Ändern eines Wortes im Anzeigenuntertitel kann entscheidend dafür sein, wie oft die Anzeige angeklickt wird und bei fehlendem Know-How kann es sogar sehr teuer für das Unternehmen werden.

Bei der Anbieterverteilung sieht man, dass Google besonders in Deutschland einen hohen Marktanteil von ca. 90% besitzt. Somit möchten viele Unternehmen dort ihre Anzeige schalten. Das Auktionsprinzip von Google ergibt sich aus dem CPC-Gebot, den man als Werbetreibender für die Anzeigenplätze bietet und dem Qualitätsfaktor der Webseite. Das Unternehmen, dass das höchste Gebot für das Keyword bietet, hat einen Vorteil gegenüber anderen Unternehmen, da das Gebot mit dem Qualitätsfaktor multipliziert wird. Je nachdem welches Unternehmen den größten Wert erreicht, kriegt höchstwahrscheinlich den besten Anzeigenplatz. Somit hat man es als kleines Unternehmen gegen größere Unternehmen schwerer, denn diese verfügen meist über höhere Budgets. Demgegenüber kann man als Unternehmen mit dem Qualitätsfaktor punkten, wenn die Seite als relevant für die Suchanfrage eingestuft wird. Deshalb sollten sich viele Unternehmen auch auf die Gestaltung der Landing-Page fokussieren.

Durch die Programme der Anbieter stehen viele Funktionen zur Verfügung. Auch während einer Kampagne lassen sich weitere Einstellungen ändern und anpassen. Ebenso unterstützen Programme von Drittanbietern den Werbetreibenden und schaffen mehr Transparenz in den Suchmaschinenwerbekampagnen.

Risiken wie Klickbetrug, also das absichtliche Klicken der Anzeige von Fremden, damit u. a. Kosten beim Werbetreibenden entstehen, oder die Entstehung von Streuverlusten durch eine ungenaue Auswahl an Keywords können die Kampagne von Unternehmen behindern. Diese sollte man vermeiden.

Bevor eine Suchmaschinenwerbekampagne gestalter wird, müssen Ziele definiert werden.

Das fiktive Unternehmen „Ego1Games" hatte die Ziele eine höhere Markenbekanntheit, mehr Traffic auf ihrer Online-Store-Webseite und eine höhere Conversion Rate zu erreichen. Das Konzept wird dementsprechend aufgebaut. Mehrere

Kampagnen ergeben Sinn, wenn man mehrere Ziele erreichen will, jedoch unter Berücksichtigung der Suchanfragenarten von Nutzern. Wie in Kapitel 4 erwähnt, ist es unvorteilhaft, bei generischen Suchanfragen, wo kein Kaufdruck herrscht, hohe CPC-Gebote zu bieten. Bei dem fiktiven Unternehmen "Ego1Games" wurden nach der Zielgruppen- und Budgetfestlegung zwei Kampagnen parallel erstellt. In jeder Kampagne ist die Gestaltung der Anzeige und Keywordauswahl ausschlaggebend. Deshalb sollte man je nachdem, um welche Art von Kampagne es sich handelt, den Schwerpunkt auf die beiden genanten Punkte legen.

Die generische Kampagne sollte dafür sorgen, die Webseite bekannter zu machen durch häufig eingegebene Suchanfragen, während die Produktkampagne mit spzefischen Suchanfragen wie Produkt- und Markennamen für mehr Traffic und Conversions auf der Webseite sorgen soll.

Selbst größere Firmen mit einer großen Marketingabteilung beauftragen externe Agenturen für Suchmaschinenwerbung. Deshalb sollten sich Unternehmen auch die Frage stellen, ob es vielleicht ratsam ist, Suchmaschinenwerbekampagnen von speziell für SEA ausgelegten Agenturen durchführen zu lassen.

Denn eine noch so gute Gestaltung bringt keinen Erfolg ohne bereits Erfahrung mit SEA gemacht zu haben.

III Literaturverzeichnis

Alles Online Marketing. (2012). *Was ist SEA – Suchmaschinenwerbung?*. Verfügbar unter: https://alles-online-marketing.de/was-ist-sea-suchmaschinenwerbung/ (31.01.19).

ARD/ZDF. (2017). *Entwicklung der Onlinenutzung in Deutschland 1997 bis 2018.* Verfügbar unter: http://www.ard-zdf-onlinestudie.de/onlinenutzung/entwicklung-der-onlinenutzung/ (31.01.19).

Bischopink, Y. & Ceyp, M. (2009). *Suchmaschinen-Marketing. Konzepte, Umsetzung und Controlling für SEO und SEM.* Heidelberg: Springer-Verlag.

Damm, C. (2018). *Die Gaming-Branche wächst rasant: Wie ihr an dem Trend mitverdienen könnt.* Verfügbar unter: https://www.businessinsider.de/die-gaming-branche-waechst-rasant-wie-ihr-an-dem-trend-mitverdienen-koennt-2018-9 (31.01.19).

Fuchs, D. (2007). Die marken- und wettbewerbsrechtliche Zulässigkeit von kontextabhängiger Suchmaschinenwerbung (Keyword Advertising). *Wirtschaftsrechtliche Blätter*, S. 414-424

Game - Verband der deutschen Games-Branche. (2018a). *Arbeiten in der Games-Branche.* München: Gamesmarkt GmbH.

Game - Verband der deutschen Games-Branche. (2018b). *Deutscher Games-Markt 2018.* Verfügbar unter: https://www.game.de/marktdaten/deutscher-games-markt-2018/ (31.01.19).

GamesWirtschaft. (2018). *Newzoo: Deutschland ist fünftgrößter Spielemarkt der Welt.* Verfügbar unter: https://www.gameswirtschaft.de/wirtschaft/newzoo-games-umsatz-deutschland-2018/ (31.01.19).

Google. (2018a). *So funktioniert der Google Ads Editor.* Verfügbar unter: https://ads.google.com/intl/de_de/home/tools/ads-editor/ (31.01.19).

Google. (2018b). *So funktioniert der Keyword Planer.* Verfügbar unter: https://ads.google.com/intl/de_de/home/tools/keyword-planner/ (31.01.19).

Google. (2018c). *Einstellung "Priorität der Kampagne" für Shopping-Kampagnen verwenden.* Verfügbar unter: https://support.google.com/google-ads/answer/6275296?co=ADWORDS.IsAWNCustomer%3Dfalse&hl=de (31.01.19).

Google. (2018d). *Google Display-Netzwerk und YouTube auf Computern, Mobilgeräten und Tablets.* Verfügbar unter: https://support.google.com/google-ads/answer/2740623?hl=de (31.01.19).

Hofmaier, A. (2017). *Werbung bei Baidu und Yandex.* Verfügbar unter: https://www.kloos.de/blog/werbung-bei-baidu-und-yandex/ (31.01.19).

Höß, L. (2015). *Branding- oder Performance-Kampagne? Die Unterschiede.* Verfügbar unter: https://www.onlinesolutionsgroup.de/blog/branding-oder-performance-kampagne-die-unterschiede/ (31.01.19).

Irvine, M. (2018). *Save Time & Money Managing Bing Ads with Scheduled Imports from Google.* Verfügbar unter: https://www.wordstream.com/blog/ws/2018/07/25/bing-ads-scheduled-imports (31.01.2019).

Kilian, T. & Langner, S. (2010). *Online-Kommunikation. Kunden zielsicher verführen und beeinflussen.* Wiesbaden: Gabler.

Kopp, O. (2018). *Was ist Suchmaschinenwerbung? Was ist SEA bzw. Search Engine Advertising?.* Verfügbar unter: https://www.sem-deutschland.de/adwords-agentur/adwords-glossar/sea-definition/ (31.01.19).

Kopp, O. & Langel, T. (2013). *Adwords-Optimierung.* Aufgesang Inbound Online-Marketing.

Koschorekk, K. (2010). Werbung mit Google Adwords. Vorsischt bei Verwendung fremder Marken. *PSI Journal*, S.14-16.

Lammenett, E. (2016). *Praxiswissen. Online-Marketing.* Wiesbaden: Gabler.

Lammenett, E. (2009). *Praxiswissen. Online-Marketing.* Wiesbaden: Gabler.

Lange, C. (2013). Suchmaschinenwerbung – Ein Instrument für individualisiertes Marketing. In M. Schneider (Hrsg.). *Management von Medienunternehmen.* (S.379-394). Wiesbaden: Springer Gabler.

Microsoft. (o. J.). *Was ist Bing Ads, und wie funktioniert PPC?.* Verfügbar unter: https://advertise.bingads.microsoft.com/de-de/resources/training/what-is-bing-ads (31.01.19).

Miplets. (o. J.). *Generische Keywords Definition.* Verfügbar unter: http://www.miplets.de/generische-keywords (31.01.19).

Mso-Digital. (o. J.). *Social Media Advertising – eine neue Dimension der Werbung.* Verfügbar unter: https://www.mso-digital.de/social-media/advertising/ (31.01.19).

Tamer, S. (2018). *EFFIZIENZ DURCH KLARE STRUKTUR IM ADWORDS-KONTO.* Verfügbar unter: https://www.noblabla.ch/klare-struktur-im-adwords-konto/ (31.01.19).

Oath. (2018). *Native & search advertising.* Verfügbar unter: https://gemini.yahoo.com/advertiser/home (31.01.19).

Olbrich R. & Schulz, C. (2015). *Electronic Commerce und Online-Marketing. Ein einführendes Lehr- und Übungsbuch.* Wiesbaden: Springer Gabler.

Online Marketing Solutions. (2018). *SUCHMASCHINENWERBUNG FUNKTIONSWEISE, WISSEN UND TIPPS.* Verfügbar unter: https://www.omsag.de/wissen/suchmaschinenwerbung/#budgets (31.01.19).

Ringel, T. & Goede N. (2014). Einführung in die Funktionsprinzipien und Praxis der Suchmaschinenwerbung. In H.Holland (Hrsg.). *Digitales Dialogmarketing.* (S.609-631). Wiesbaden: Springer Gabler.

SEO-Analyse. (o. J.). *Suchmaschinen Spam Begriffserklärung und Definition.* Verfügbar unter: https://www.seo-analyse.com/seo-lexikon/s/suchmaschinen-spam/ (31.01.19).

Siebert, C. (2019). SEA in der Praxis am Beispiel von E-Commerce. In A. Ternes & M. Englert (Hrsg.). *Digitale Unternehmen. Kommunikationsstrategien für ein exzellentes Management.* (S.241-253). Wiesbaden: Springer Gabler.

StatCounter. (2018a). *Search Engine Market Share Germany.* Verfügbar unter: http://gs.statcounter.com/search-engine-market-share/all/germany (31.01.19).

StatCounter. (2018b). *Search Engine Market Share Worldwide.* Verfügbar unter http://gs.statcounter.com/search-engine-market-share (31.01.19).

StatCounter. (2018c). *Search Engine Market Share China.* Verfügbar unter http://gs.statcounter.com/search-engine-market-share/all/china (31.01.19).

StatCounter. (2018d). *Search Engine Market Share Russia.* Verfügbar unter http://gs.statcounter.com/search-engine-market-share/all/russia (31.01.19).

Thesmann, S. & Bergmann, P. (2015). Wo werben? Bing versus Google. *Spektrum Wirtschaftsinformatik & Management,* S.50-58

Traffic3 (o. J.). *Vorteile von Adwords.* Verfügbar unter: https://traffic3.net/wissen/adwords/vorteile-adwords (31.01.19).

Trautmann, D. (2015). *Welche AdWords-Kennzahl spiegelt den Erfolg der Werbemaßnahmen am besten wieder?.* Verfügbar unter: https://www.dixeno.de/adwords-erfolgsmessungs-kennzahlen/ (31.01.19).

Zink, F. (2018). *SEA Brand Kampagne.* Verfügbar unter: https://www.starting-up.de/marketing/seo/sea-brand-kampagne.html (31.01.19).

BEI GRIN MACHT SICH IHR WISSEN BEZAHLT

- Wir veröffentlichen Ihre Hausarbeit, Bachelor- und Masterarbeit

- Ihr eigenes eBook und Buch - weltweit in allen wichtigen Shops

- Verdienen Sie an jedem Verkauf

Jetzt bei www.GRIN.com hochladen und kostenlos publizieren